THE MAGIC OF ADVENTURE

THE MAGIC OF ADVENTURE

WALLACE GUTIERREZ

CONTENTS

1 Capítulo 1: O Convite Misterioso — 1

2 Capítulo 2: Entrando na Floresta — 6

3 Capítulo 3: O Rio Encantado — 10

4 Capítulo 4: A Vila Oculta — 15

5 Capítulo 5: O Covil das Sombras — 19

6 Capítulo 6: A Antiga Profecia — 25

7 Capítulo 7: Preparando-se para a batalha — 30

8 Capítulo 8: A Batalha Final — 35

9 Capítulo 9: Vitória e Perda — 41

10 Capítulo 10: O Retorno para Casa — 47

Epílogo: O Legado da Floresta Mágica — 53

Copyright © 2025 by Wallace Gutierrez
All rights reserved. No part of this book may be reproduced in any manner whatsoever without written permission except in the case of brief quotations embodied in critical articles and reviews.
First Printing, 2025

CHAPTER 1

Capítulo 1: O Convite Misterioso

Introdução ao Protagonista: Conheça Lily
Lily era uma garota de curiosidade sem limites e espírito insaciável. Morando na pitoresca vila de Eldergrove , ela era conhecida por sua natureza aventureira e seu desejo insaciável de explorar o desconhecido. Eldergrove era uma vila pitoresca, aninhada entre colinas ondulantes e florestas densas, onde todos se conheciam, e a vida se movia em um ritmo suave e previsível. Mas para Lily, a previsibilidade era uma gaiola, e ela ansiava pela emoção da descoberta.

A casa de Lily era uma casa aconchegante nos limites da vila, cercada por um jardim que sua mãe cuidava com carinho. A casa era preenchida com o perfume de flores frescas e o som de pássaros cantando, um refúgio de paz e conforto. No entanto, Lily frequentemente se pegava olhando pela janela do quarto, sua mente vagando pelos mistérios que estavam além dos limites da vila.

Seu pai, um homem gentil e sábio, trabalhava como ferreiro, criando ferramentas e armas para os moradores. Ele frequentemente compartilhava histórias de suas próprias aventuras juvenis, alimentando a imaginação de Lily e seu desejo de criar suas próprias histórias. Sua mãe, uma mulher gentil e carinhosa, era uma curandeira, conhecida por seu conhecimento de ervas e remédios. Ela se preocupava com a veia aventureira de Lily, mas entendia que o espírito de sua filha não poderia ser contido.

O melhor amigo de Lily era um cachorro desleixado chamado Max, que a acompanhava em todas as suas escapadas. Max era tão aventureiro quanto Lily, sempre pronto para perseguir um esquilo ou desenterrar um tesouro escondido. Juntos, eles exploraram cada canto e fenda de Eldergrove, do antigo carvalho na praça da vila ao riacho balbuciante que serpenteava pelos campos.

Apesar de seu amor por sua vila e seu povo, Lily sentia uma atração constante pelo desconhecido. Ela sonhava com terras distantes, criaturas mágicas e grandes aventuras. Seu quarto estava cheio de livros sobre lugares míticos e heróis lendários, e ela passava horas debruçada sobre mapas e imaginando-se em meio a missões épicas.

Em uma tarde ensolarada, quando Lily e Max estavam retornando de uma de suas muitas aventuras, eles tropeçaram em um livro velho e desgastado no sótão de sua casa de campo. O livro estava cheio de histórias da Floresta Mágica, um lugar de encantamento e maravilhas que ficava além das colinas. De acordo com os contos, a floresta era o lar de animais falantes, fadas e árvores antigas com segredos para compartilhar. O coração de Lily disparou de excitação enquanto ela lia sobre a floresta, e ela sabia que tinha que ver por si mesma.

Incidente Incitante: A Carta Misteriosa

Era uma manhã fria de outono quando a carta chegou. Lily estava no jardim, ajudando sua mãe a colher ervas, quando ouviu o suave bater de asas. Olhando para cima, ela viu um lindo pássaro iridescente pousado no portão do jardim. O pássaro tinha um pequeno pergaminho enrolado amarrado em sua perna com uma fita delicada. Intrigada, Lily se aproximou do pássaro, que permaneceu imóvel, observando-a com olhos inteligentes.

Com mãos gentis, Lily desamarrou a fita e desenrolou o pergaminho. A carta estava escrita em uma caligrafia elegante e fluida, e enquanto ela lia as palavras, seu coração começou a disparar.

"Querida Lily,
Você está cordialmente convidado para a Floresta Mágica, um lugar de encantamento e maravilha. Sua presença é solicitada para ajudar a restaurar o equilíbrio e a harmonia em nosso mundo. Siga o caminho pelas colinas e você encontrará a entrada para a floresta. Confie em seu coração e você descobrirá a magia interior.
Atenciosamente, Orion, Guardião da Floresta"
A mente de Lily girava com perguntas. Quem era Orion? Como eles sabiam o nome dela? E por que ela havia sido escolhida para uma tarefa tão importante? Ela olhou para o pássaro, que deu um chilrear suave antes de levantar voo, desaparecendo no céu.

A excitação e a curiosidade surgiram dentro dela. Esta era a aventura com que ela sempre sonhou, uma chance de explorar um mundo mágico e fazer a diferença. Ela sabia que tinha que ir, mas também sabia que seus pais e os moradores ficariam preocupados.

Decisão de Explorar: Embarcando na Jornada
Lily passou o resto do dia em um estado de antecipação inquieta. Ela não conseguia se concentrar em suas tarefas ou estudos, sua mente consumida por pensamentos da Floresta Mágica. Quando a noite caiu, ela decidiu confiar em seus pais. Ela os encontrou na cozinha, seu pai afiando ferramentas e sua mãe preparando o jantar.

"Mãe, pai, preciso falar com vocês," Lily começou, sua voz tremendo de excitação e apreensão. Ela mostrou a eles a carta e explicou o que tinha acontecido.

Os pais dela ouviram em silêncio, seus rostos uma mistura de preocupação e compreensão. Seu pai foi o primeiro a falar. "Lily, a floresta é um lugar perigoso. Muitos se aventuraram lá e nunca retornaram. Você tem certeza de que isso é algo que você quer fazer?"

Lily assentiu, seus olhos brilhando com determinação. "Eu tenho que ir, pai. Esta é minha chance de ter uma aventura, de fazer a diferença. Sinto como se estivesse esperando por isso a minha vida inteira."

Sua mãe colocou uma mão gentil em seu ombro. "Nós entendemos, Lily. Mas você deve ter cuidado. A floresta está cheia de perigos desconhecidos. Prometa-nos que você ficará segura e voltará para nós."

"Eu prometo", disse Lily, abraçando seus pais com força. Ela passou o resto da noite arrumando uma pequena mala com itens essenciais – um mapa, uma bússola, um pouco de comida e alguns de seus livros favoritos. Max a observou com olhos ansiosos, sentindo que algo emocionante estava prestes a acontecer.

Na manhã seguinte, quando a primeira luz do amanhecer surgiu sobre as colinas, Lily partiu em sua jornada. Ela ficou na beira da vila, olhando para trás uma última vez para o lugar que sempre chamou de lar. Com Max ao seu lado e a carta agarrada em sua mão, ela respirou fundo e pisou no caminho que a levaria para a Floresta Mágica.

Enquanto ela caminhava, a vila desapareceu na distância, e a paisagem ao redor dela começou a mudar. O ar ficou mais frio, e as árvores mais altas e antigas. Ela sentiu uma sensação de admiração e antecipação, sabendo que estava prestes a entrar em um mundo de magia e mistério.

O coração de Lily estava cheio de uma mistura de excitação e trepidação. Ela não sabia o que a esperava, mas estava pronta para enfrentar quaisquer desafios que surgissem em seu caminho. A cada passo, ela sentia a atração da floresta ficando mais forte, guiando-a em direção ao seu destino.

E assim, com o sol nascendo atrás dela e a promessa de aventura à sua frente, Lily embarcou na jornada que mudaria sua vida para sempre.

CHAPTER 2

Capítulo 2: Entrando na Floresta

Primeiro vislumbre de magia
Lily entrou na floresta, seu coração batendo forte de excitação. No momento em que cruzou a soleira, ela sentiu uma mudança no ar. Era como se ela tivesse entrado em outro mundo, um cheio de encantamento e maravilha. As árvores eram mais altas e majestosas do que qualquer outra que ela já tinha visto antes, suas folhas brilhando com um brilho suave e etéreo. O chão da floresta era uma tapeçaria de flores vibrantes, cada uma mais bonita que a anterior, e o ar estava cheio do doce perfume das pétalas desabrochando.

Max trotou à frente, seu nariz se contraindo de curiosidade. Lily seguiu, seus olhos arregalados de espanto. Ela tinha lido sobre lugares mágicos em seus livros, mas nada poderia tê-la preparado para a pura beleza e mistério da floresta. Era como se ela tivesse entrado em um sonho.

Enquanto caminhavam, Lily notou que os animais na floresta eram diferentes daqueles de sua aldeia. Uma família de veados com chifres prateados os observava curiosamente à distância. Pássaros com penas iridescentes voavam de galho em galho, cantando melodias que pareciam tecer pelo ar como uma tapeçaria. Até os insetos brilhavam com uma luz suave e etérea.

O coração de Lily se encheu de alegria enquanto ela observava as imagens e os sons ao seu redor. Ela sentiu uma conexão profunda com a floresta, como se ela a estivesse recebendo de braços abertos. Ela estendeu a mão para tocar uma flor próxima e, para seu espanto, ela começou a falar.

"Bem-vinda, Lily," a flor disse em uma voz gentil e melódica. "Estávamos esperando por você."

Lily engasgou de surpresa. "Você consegue falar?"

"Claro," a flor respondeu com um sorriso. "Tudo na Floresta Mágica tem uma voz. Você só precisa ouvir."

Lily se ajoelhou para dar uma olhada mais de perto na flor. Ela tinha pétalas delicadas que brilhavam como joias, e seu caule era adornado com pequenas folhas brilhantes. "Este lugar é incrível," ela disse, sua voz cheia de admiração.

Conforme ela continuava sua jornada, Lily encontrou mais animais falantes e plantas encantadas. Uma velha tartaruga sábia compartilhou histórias da história da floresta, enquanto um esquilo travesso chamado Nutmeg se ofereceu para mostrar seus tesouros escondidos. Para onde quer que ela se virasse, havia algo novo e mágico para descobrir.

Max também estava se divertindo muito. Ele perseguia borboletas brilhantes, latia para cogumelos falantes e até fez amizade com uma família de coelhos que o convidou para participar de sua brincadeira de esconde-esconde. Lily não conseguia deixar de rir de suas palhaçadas, seu coração leve de felicidade.

Orientação de um Mentor

Depois de um tempo, Lily e Max chegaram a uma clareira onde havia um grande e antigo carvalho. Seus galhos se estendiam como braços acolhedores, e em sua base estava sentada uma velha coruja de aparência sábia. As penas da coruja eram de um marrom profundo e rico, e seus olhos brilhavam com inteligência e gentileza.

"Bem-vinda, Lily," a coruja disse em uma voz profunda e ressonante. "Eu sou Orion, o Guardião da Floresta. Eu estava esperando por você."

O coração de Lily deu um pulo. Esse era o Orion mencionado na carta. Ela se aproximou da coruja com uma mistura de admiração e curiosidade. "Como você sabe meu nome?", ela perguntou.

Orion riu baixinho. "A floresta tem suas maneiras de saber. Você foi escolhida para uma grande tarefa, Lily. O equilíbrio do nosso mundo está em perigo, e somente você pode ajudar a restaurá-lo."

Lily sentiu uma onda de determinação. "O que eu preciso fazer?"

"Primeiro, você deve aprender a entender a magia da floresta", Orion respondeu. "Há muitos desafios pela frente, mas eu o guiarei. Confie em si mesmo e nos amigos que você fará ao longo do caminho."

Orion abriu suas asas e levantou voo, levando Lily e Max mais para dentro da floresta. Eles o seguiram por caminhos sinuosos e riachos balbuciantes, cada passo os levando mais perto do coração da Floresta Mágica. Ao longo do caminho, Orion compartilhou sua sabedoria e conhecimento, ensinando Lily sobre as diferentes plantas e animais que encontraram.

"A floresta está viva com magia", Orion explicou. "Cada árvore, cada flor, cada criatura tem um papel a desempenhar na manutenção do equilíbrio. É importante respeitar e proteger essa delicada harmonia."

Lily ouviu atentamente, absorvendo cada palavra. Ela sentiu um profundo senso de responsabilidade e propósito, sabendo que havia sido escolhida para ajudar a preservar a magia da floresta. Max também parecia entender a importância da missão deles, sua energia brincalhona temperada por um recém-descoberto senso de dever.

Primeiro Desafio

Depois de uma longa jornada, Orion levou Lily e Max até um pequeno riacho borbulhante que serpenteava pela clareira. "Seu primeiro desafio é resolver o enigma do riacho", ele disse. "Só então vocês poderão prosseguir mais profundamente na floresta."

Lily ajoelhou-se perto do riacho, ouvindo o suave balbuciar da água. Ela notou que o riacho parecia mudar de direção a cada poucos momentos, criando um labirinto de correntes e redemoinhos. Esculpido em uma pedra na beira da água estava um enigma:

"Eu fluo sem fim, mas nunca sou o mesmo. Posso ser gentil ou feroz, mas sempre permaneço. O que sou eu?"

Lily ponderou o enigma, sua mente acelerada. Ela pensou sobre a natureza do riacho, como ele estava constantemente se movendo e mudando. Então, com um sorriso, ela percebeu a resposta.

"Água", ela disse confiantemente. "A resposta é água."

Orion assentiu em aprovação. "Muito bem, Lily. Você passou no primeiro desafio. O caminho à frente agora está aberto para você."

Conforme Lily e Max continuavam sua jornada, ela sentia uma crescente sensação de excitação e propósito. A floresta estava cheia de maravilhas e mistérios, e ela estava pronta para encarar o que quer que estivesse por vir. Com a orientação de Orion e a companhia de Max, ela sabia que poderia superar qualquer obstáculo.

E assim, com o primeiro desafio para trás e a promessa de muitas outras aventuras por vir, Lily adentrou mais profundamente no coração da Floresta Mágica, seu espírito iluminado com a emoção da descoberta. O caminho à frente estava cheio de incógnitas, mas ela se sentia pronta para abraçar o que quer que viesse em seu caminho. A floresta a acolheu, e ela estava determinada a provar que era digna de sua confiança.

CHAPTER 3

Capítulo 3: O Rio Encantado

Novos amigos: Lily faz amizade com uma fada travessa chamada Puck e um esquilo corajoso chamado Nutmeg

Enquanto Lily e Max continuavam sua jornada pela Floresta Mágica, eles chegaram a uma clareira iluminada pelo sol, onde o ar estava cheio do som de risadas e do bater de pequenas asas. Lily olhou para cima e viu uma pequena fada travessa correndo entre as flores, deixando um rastro de poeira brilhante em seu rastro. A fada tinha asas verde-esmeralda brilhantes e um sorriso atrevido que sugeria que ele estava sempre aprontando alguma.

"Olá!" Lily chamou, acenando para a fada. "Quem é você?"

A fada parou no ar, seus olhos brilhando de curiosidade. "Eu sou Puck," ele disse, sua voz tão leve e arejada quanto uma brisa de verão. "E quem você pode ser?"

"Eu sou Lily, e este é Max," ela respondeu, gesticulando para seu fiel cão. "Estamos em uma jornada pela floresta."

O sorriso de Puck se alargou. "Uma jornada, você disse? Parece divertido! Se importa se eu me juntar a você? Eu conheço todos os melhores lugares da floresta."

Lily sorriu. "Nós adoraríamos ter você conosco, Puck."

Enquanto eles continuavam seu caminho, Puck voava ao redor deles, apontando tesouros escondidos e compartilhando histórias das muitas maravilhas da floresta. Ele os levou a um bosque onde as árvores cantavam em harmonia, suas folhas farfalhando em uma melodia mágica. Ele lhes mostrou um prado onde flores desabrochavam em todas as cores do arco-íris, suas pétalas brilhando com uma luz sobrenatural.

Não demorou muito para que eles encontrassem outro novo amigo. Enquanto caminhavam por um caminho sinuoso, eles ouviram um farfalhar nos arbustos. Max latiu animadamente, e um esquilo corajoso com uma cauda espessa e olhos brilhantes e curiosos emergiu do mato.

"Olá!", disse o esquilo, ficando de pé sobre as patas traseiras e olhando para Lily. "Eu sou Nutmeg. O que te traz a esta parte da floresta?"

Lily se ajoelhou para cumprimentar o esquilo. "Estamos em uma jornada para ajudar a restaurar o equilíbrio da floresta", ela explicou. "Você gostaria de se juntar a nós?"

Os olhos de Nutmeg brilharam de excitação. "Eu ficaria honrado! Sempre quis embarcar em uma aventura."

Com Puck e Nutmeg agora fazendo parte do grupo, Lily sentiu uma sensação renovada de confiança e excitação. Ela sabia que, com a ajuda deles, poderia enfrentar qualquer desafio que estivesse por vir.

Obstáculo: Eles devem atravessar um rio encantado que muda seu curso de forma imprevisível

Quando o sol começou a se pôr, lançando um brilho dourado sobre a floresta, o grupo chegou à beira de um rio encantado. A água brilhava com uma luz mágica, e o curso do rio parecia mudar e se transformar a cada momento que passava. Em um momento, ele fluía suavemente para o leste; no outro, ele surgia para o oeste, criando um labirinto de correntes e redemoinhos.

Lily olhou para o rio com admiração. "Como vamos atravessar isso?", ela se perguntou em voz alta.

Puck pairou sobre a água, suas asas batendo rapidamente. "Este é o Rio Encantado", ele explicou. "Ele é conhecido por suas correntes imprevisíveis. Muitos tentaram atravessá-lo, mas poucos tiveram sucesso."

Nutmeg correu até a beira da água, seu nariz se contraindo. "Deve haver um jeito," ele disse determinado. "Nós só temos que descobrir."

Lily olhou ao redor, procurando por pistas que pudessem ajudá-los. Ela notou uma série de pedras espalhadas pelo rio, mas elas estavam constantemente mudando e se movendo com as correntes. Estava claro que cruzar o rio exigiria mais do que apenas sorte.

"Precisamos trabalhar juntos", disse Lily, virando-se para os amigos. "Se pudermos descobrir o padrão das correntes, poderemos encontrar um caminho seguro."

Solução: Usando trabalho em equipe e inteligência, eles conseguem cruzar com segurança

O grupo se reuniu na beira do rio, observando a água atentamente. Puck voou sobre o rio, observando as correntes de cima, enquanto Nutmeg disparou ao longo da margem, procurando por quaisquer sinais de um padrão. Max ficou ao lado de Lily, suas orelhas em pé e seus olhos focados na água em movimento.

Depois de alguns momentos, Puck gritou: "Acho que vejo um padrão! As correntes parecem mudar de direção a cada poucos segundos. Se cronometrarmos direito, podemos usar as pedras de apoio para atravessar."

Lily assentiu, sua mente acelerada. "Ok, vamos tentar. Puck, você nos guia de cima. Nutmeg, você fica de olho nas pedras e nos avisa quando for seguro nos movermos. Max e eu seguiremos sua liderança."

Com o plano em andamento, o grupo começou a tentar cruzar o rio. Puck pairou acima, gritando instruções enquanto observava as correntes mudarem e se transformarem. Nutmeg disparou de pedra em pedra, testando a estabilidade delas e sinalizando para Lily quando era seguro se mover.

"Agora, Lily!" Puck gritou. "Pise na primeira pedra!"

Lily respirou fundo e pisou na pedra, sentindo-a se mover levemente sob seus pés. Ela esperou pelo próximo sinal de Puck, seu coração batendo forte de antecipação.

"Próxima pedra, agora!" Puck gritou.

Lily se moveu rapidamente, pisando na próxima pedra no momento em que a correnteza mudou. Max seguiu logo atrás, suas patas se movendo com uma agilidade surpreendente.

Com a orientação de Puck e os olhos aguçados de Nutmeg, eles atravessaram o rio, uma pedra de cada vez. Cada passo era um teste de seu trabalho em equipe e confiança, mas eles se moviam com confiança e determinação.

Conforme se aproximavam do outro lado, as correntes ficaram mais fortes, e as pedras ficaram mais instáveis. Lily sentiu uma onda de dúvida, mas ela a deixou de lado, focando na voz de Puck e nos sinais de Nutmeg.

"Quase lá!" Puck gritou. "Só mais algumas pedras!"

Lily deu mais um passo, sentindo a pedra balançar sob ela. Ela estendeu a mão para se firmar, seu coração disparado. Max latiu encorajamento, seus olhos fixos na margem oposta.

"Mais um passo, Lily!" Nutmeg gritou. "Você consegue!"

Com uma explosão final de determinação, Lily pisou na última pedra e saltou para a segurança da margem mais distante. Max a seguiu, pousando ao lado dela com um latido triunfante. Puck e Nutmeg comemoraram, suas vozes cheias de alegria e alívio.

"Nós conseguimos!" Lily exclamou, seu coração se enchendo de orgulho. "Nós cruzamos o Rio Encantado!"

O grupo se reuniu na margem oposta, seus espíritos elevados pelo sucesso. Eles enfrentaram um desafio assustador e o superaram por meio do trabalho em equipe e da confiança. Lily sabia que haveria mais obstáculos pela frente, mas ela se sentia pronta para enfrentá-los com seus novos amigos ao seu lado.

Enquanto o sol se punha e as estrelas começavam a brilhar no céu, Lily e seus amigos montaram acampamento perto do rio. Eles compartilharam histórias e risadas, seu vínculo ficando mais forte a cada momento que passava. A floresta estava cheia de maravilhas e mistérios, mas Lily sabia que com Puck, Nutmeg e Max ao seu lado, ela poderia enfrentar qualquer coisa que surgisse em seu caminho.

E assim, com o Rio Encantado para trás e a promessa de novas aventuras pela frente, Lily e seus amigos se acomodaram para a noite, com os corações cheios de esperança e entusiasmo pela jornada que viria.

CHAPTER 4

Capítulo 4: A Vila Oculta

Descoberta: Lily e seus amigos descobrem uma vila escondida habitada por criaturas mágicas

O sol da manhã filtrava-se através da densa copa da Floresta Mágica, lançando sombras salpicadas no chão da floresta. Lily, Max, Puck e Nutmeg continuaram sua jornada, seus espíritos elevados após cruzarem com sucesso o Rio Encantado. A floresta parecia recebê-los de braços abertos, sua beleza e mistério se revelando a cada passo.

Enquanto caminhavam, Puck voava ao redor, suas asas brilhando na luz do sol. "Acho que estamos chegando perto de algo especial," ele disse, sua voz cheia de excitação. "Eu posso sentir isso no ar."

Nutmeg correu à frente, seu nariz se contraindo enquanto ele farejava o ar. "Eu também sinto o cheiro de algo", ele disse. "Algo... diferente."

O coração de Lily acelerou com antecipação. Ela tinha a sensação de que estavam prestes a descobrir algo extraordinário. Eles seguiram Nutmeg enquanto ele os guiava por um denso matagal, o mato se abrindo para revelar um caminho escondido.

O caminho serpenteava pela floresta, levando-os a uma clareira isolada. Quando eles pisaram na clareira, Lily engasgou de espanto. Diante deles estava uma vila escondida, aninhada entre as árvores. A vila era diferente de tudo que ela já tinha visto. As casas eram feitas de madeira viva, suas paredes e telhados formados a partir de galhos e folhas de árvores antigas. Flores desabrochavam em todas as cores do arco-íris, e o ar estava cheio do doce perfume das flores.

Criaturas mágicas de todas as formas e tamanhos circulavam pela vila. Fadas voavam de flor em flor, suas asas deixando rastros de poeira brilhante. Elfos e gnomos cuidavam de jardins e criavam obras de arte intrincadas. Unicórnios pastavam em um prado próximo, seus chifres brilhando à luz do sol.

Os olhos de Lily se arregalaram de espanto. "Este lugar é incrível," ela sussurrou.

Um grupo de aldeões notou sua chegada e se aproximou deles com sorrisos amigáveis. Um elfo idoso com uma barba longa e esvoaçante deu um passo à frente. "Bem-vindos a Eldoria", ele disse, sua voz calorosa e acolhedora. "Eu sou Eldrin, o ancião da vila. Estávamos esperando por vocês."

Lily sentiu uma sensação de admiração e gratidão. "Obrigada por nos receber", ela disse. "Esta vila é linda."

Eldrin assentiu. " Eldoria é um lugar de magia e harmonia. Vivemos em harmonia com a floresta e suas criaturas. Mas temo que nossa paz esteja em perigo."

Conflito: A Vila está sob ameaça de uma força obscura conhecida como Sombra

O coração de Lily afundou com as palavras de Eldrin. "O que você quer dizer?" ela perguntou, sua voz cheia de preocupação.

A expressão de Eldrin ficou séria. "Há uma força obscura conhecida como a Sombra que ameaça nossa vila. Ela busca consumir a magia da floresta e mergulhá-la na escuridão. Tentamos nos defender, mas o poder da Sombra está ficando mais forte."

Lily sentiu uma onda de determinação. "Temos que fazer algo para ajudar", ela disse. "Não podemos deixar a Sombra destruir este lugar lindo."

Eldrin assentiu. "Somos gratos por sua disposição em ajudar. O covil da Sombra fica nas profundezas da floresta, em um lugar onde a luz não pode alcançar. É uma jornada perigosa, mas acreditamos que você tem força e coragem para enfrentá-la."

Puck pairou ao lado de Lily, seus olhos cheios de determinação. "Não temos medo de um pouco de escuridão," ele disse. "Faremos o que for preciso para proteger Eldoria ."

Nutmeg correu para o lado de Lily, seu rabo se contorcendo com determinação. "Conte comigo", ele disse. "Estou pronto para uma aventura."

Max latiu em concordância, seus olhos brilhando com lealdade e coragem.

Lily sentiu um profundo senso de propósito. Ela sabia que eles tinham sido trazidos para Eldoria por um motivo, e ela estava determinada a ajudar os aldeões a defenderem seu lar. "Faremos tudo o que pudermos para deter a Sombra", ela disse. "Vocês podem contar conosco."

Decisão de ajudar: Lily decide ajudar os moradores a defender sua casa

Os olhos de Eldrin se encheram de gratidão. "Obrigado, Lily," ele disse. "Sua bravura e gentileza significam mais para nós do que você pode imaginar. Faremos tudo o que pudermos para apoiá-la em sua jornada."

Os aldeões se reuniram, oferecendo assistência e compartilhando seu conhecimento da floresta. Eles forneceram a Lily e seus amigos suprimentos e itens mágicos para ajudá-los em sua busca. Um grupo de fadas os presenteou com lanternas encantadas que iluminariam seu caminho nos lugares mais escuros. Um ferreiro elfo criou um conjunto de amuletos de proteção para afastar a influência da Sombra.

Enquanto se preparavam para a jornada, Lily sentiu uma sensação de camaradagem e união. A determinação e a resiliência dos moradores a inspiraram, e ela sabia que eles estavam todos juntos nisso.

Antes de partirem, Eldrin reuniu os aldeões na praça da vila. "Nós nos levantamos juntos diante da escuridão", ele disse, sua voz forte e resoluta. "Com a ajuda de nossos novos amigos, protegeremos nosso lar e restauraremos o equilíbrio da floresta."

Os aldeões aplaudiram, suas vozes cheias de esperança e determinação. Lily sentiu uma onda de orgulho e responsabilidade. Ela sabia que a jornada à frente seria difícil, mas estava pronta para enfrentar quaisquer desafios que surgissem.

Ao saírem da vila, Lily se virou para os amigos. "Temos uma longa jornada pela frente", ela disse. "Mas eu sei que podemos fazer isso. Juntos, podemos derrotar a Sombra e proteger a magia da floresta."

Puck, Nutmeg e Max concordaram com a cabeça, seus olhos cheios de determinação. Eles partiram para a floresta, seus corações cheios de esperança e coragem.

O caminho à frente era incerto, mas Lily sabia que eles não estavam sozinhos. Com o apoio dos aldeões e a força de sua amizade, eles estavam prontos para enfrentar a escuridão e restaurar a luz para a Floresta Mágica.

E assim, com a promessa de novas aventuras e a determinação de proteger seus novos amigos, Lily e seus companheiros embarcaram em sua jornada para confrontar a Sombra e defender a vila oculta de Eldoria . A floresta estava cheia de maravilhas e mistérios, mas eles estavam prontos para enfrentar o que quer que surgisse em seu caminho, unidos em sua busca para restaurar o equilíbrio e a harmonia ao mundo mágico que eles passaram a amar.

CHAPTER 5

Capítulo 5: O Covil das Sombras

Jornada ao Covil: O Grupo Parte para Encontrar o Covil das Sombras

O ar da manhã estava fresco e cheio do cheiro de pinho quando Lily, Max, Puck e Nutmeg partiram de Eldoria. Os aldeões se reuniram para vê-los partir, seus rostos eram uma mistura de esperança e preocupação. Eldrin, o ancião da aldeia, entregou a Lily um mapa marcado com o caminho para o covil da Sombra.

"Siga este caminho," Eldrin instruiu, apontando para uma trilha sinuosa que levava profundamente ao coração da floresta. "Ela o levará ao covil da Sombra. Seja cauteloso, pois a jornada é cheia de perigos."

Lily assentiu, sua resolução firme. "Teremos cuidado. Obrigada pela sua orientação."

Com o mapa em mãos, o grupo começou sua jornada. A floresta ao redor deles ficou mais densa e escura conforme eles se aventuravam para longe da vila. As árvores pareciam se fechar, seus galhos formando um dossel que bloqueava a luz do sol. O ar ficou mais frio, e um silêncio assustador se instalou sobre a floresta.

Puck voou à frente, suas asas brilhando fracamente na luz fraca. "Fique perto," ele disse, sua voz quase um sussurro. "A influência da Sombra é forte aqui."

Nutmeg correu pelo chão, seus olhos disparando nervosamente. "Eu não gosto deste lugar," ele murmurou. "Parece... errado."

Max ficou perto de Lily, suas orelhas em pé e seu nariz se contraindo. Ele podia sentir o perigo que estava por vir, mas sua lealdade a Lily o manteve seguindo em frente.

Enquanto seguiam o caminho marcado no mapa, eles encontraram sinais da presença da Sombra. As árvores estavam retorcidas e nodosas, suas cascas enegrecidas e rachadas. O chão estava coberto de folhas mortas e galhos quebrados, e o ar estava cheio do leve cheiro de decomposição.

Apesar do ambiente ameaçador, Lily sentiu uma sensação de determinação. Ela sabia que eles tinham que chegar ao covil da Sombra e pôr fim à sua influência sombria. A cada passo, ela ficava mais resoluta, seu coração se enchia de esperança de restaurar o equilíbrio da floresta.

Desafios: Eles enfrentam várias armadilhas mágicas e criaturas ao longo do caminho

À medida que se aventuravam mais profundamente na floresta, o caminho se tornava mais traiçoeiro. O chão era irregular, e raízes escondidas ameaçavam fazê-los tropeçar a cada passo. O ar ficou mais frio, e uma névoa espessa começou a se formar, obscurecendo sua visão.

De repente, Puck parou e levantou uma mão. "Espere," ele sussurrou. "Eu sinto algo à frente."

Lily espiou através da névoa e viu um brilho fraco à distância. Conforme se aproximavam, perceberam que era uma série de runas brilhantes esculpidas no chão. As runas pulsavam com uma energia escura, e Lily podia sentir seu poder malévolo.

"São armadilhas," Puck disse, sua voz tensa. "Devemos ter cuidado para não acioná-las."

Nutmeg examinou as runas de perto. "Acho que posso desarmá-las", ele disse. "Mas vai levar tempo."

Lily assentiu. "Faça o que precisa fazer, Nutmeg. Nós ficaremos de guarda."

Enquanto Nutmeg trabalhava para desarmar as armadilhas, Lily e Max mantiveram um olhar vigilante em seus arredores. A névoa parecia ficar mais espessa, e sombras estranhas tremeluziam na borda de sua visão. O coração de Lily batia forte em seu peito, mas ela se forçou a ficar calma.

Depois do que pareceu uma eternidade, Nutmeg finalmente deu um passo para trás. "Eu consegui", ele disse, sua voz cheia de alívio. "As armadilhas estão desarmadas."

Eles continuaram seu caminho, mas os desafios só ficaram mais difíceis. Eles encontraram uma série de videiras encantadas que tentaram prendê-los, seus tentáculos espinhosos se estendendo como mãos agarradoras. Puck usou sua magia para criar uma barreira de luz, mantendo as videiras afastadas enquanto eles atravessavam.

Em seguida, eles chegaram a um pântano escuro e turvo. A água era espessa e malcheirosa, e estranhas criaturas espreitavam abaixo da superfície. Lily sentiu um arrepio de medo, mas sabia que eles tinham que atravessar.

"Teremos que ser rápidos," Puck disse. "As criaturas no pântano são perigosas."

Usando troncos e pedras caídos, eles cuidadosamente atravessaram o pântano. Max liderou o caminho, seus sentidos aguçados os guiando para um lugar seguro. Lily os seguiu de perto, seu coração batendo forte a cada passo. As criaturas no pântano os observavam com olhos brilhantes, mas eles conseguiram chegar ao outro lado ilesos.

Conforme continuaram sua jornada, eles enfrentaram mais armadilhas mágicas e criaturas, cada uma mais perigosa que a anterior. Mas com suas habilidades combinadas e determinação, eles superaram cada desafio, ficando mais fortes e mais unidos a cada passo.

Clímax: Eles alcançam o covil e enfrentam a sombra, mas são dominados

Depois do que pareceram dias de viagem, eles finalmente chegaram à entrada do covil da Sombra. Era uma caverna escura e agourenta, sua entrada envolta em escuridão. O ar estava denso com uma sensação de malevolência, e Lily podia sentir o peso do poder da Sombra pressionando-a.

"É isso," Puck disse, sua voz mal passando de um sussurro. "O covil da Sombra."

Lily respirou fundo, preparando-se para o que viria pela frente. "Temos que ser fortes", ela disse. "Nós podemos fazer isso."

Com Max ao seu lado e Puck e Nutmeg logo atrás, Lily entrou na caverna. A escuridão parecia engoli-los por inteiro, e o ar ficava mais frio a cada passo. As paredes da caverna eram forradas com pedras irregulares, e o chão era irregular e traiçoeiro.

Conforme se aventuravam mais profundamente no covil, eles podiam sentir a presença da Sombra ficando mais forte. O ar estava cheio de uma sensação de pavor, e estranhos sussurros ecoavam pela escuridão.

De repente, eles chegaram a uma grande câmara aberta. No centro da câmara estava a Sombra, uma figura imponente de escuridão e malevolência. Seus olhos brilhavam com uma luz sinistra, e sua presença enchia a câmara com uma sensação avassaladora de medo.

O coração de Lily batia forte no peito, mas ela se forçou a ficar de pé. "Estamos aqui para impedir você", ela disse, sua voz firme. "Não vamos deixar você destruir a floresta."

A Sombra riu, um som profundo e ecoante que enviou arrepios pela espinha de Lily. "Você é corajosa, mas tola," ela disse. "Você não pode me derrotar."

Com um aceno de mão, a Sombra convocou uma horda de criaturas das trevas. Elas se aglomeraram em direção a Lily e seus amigos, seus olhos brilhando com intenção malévola.

Puck criou uma barreira de luz, mantendo as criaturas afastadas, enquanto Nutmeg disparava ao redor, usando sua agilidade para manobrá-las. Max lutou bravamente, seus dentes e garras brilhando na escuridão.

Lily concentrou sua energia, invocando a magia que aprendera com Orion. Ela enviou uma explosão de luz em direção à Sombra, mas ela desviou o ataque com facilidade.

"Você é forte, mas não forte o suficiente," a Sombra provocou. "Você não pode me derrotar."

Apesar de seus melhores esforços, o grupo estava sendo lentamente dominado. O poder da Sombra era grande demais, e seus lacaios eram implacáveis. Lily sentiu uma sensação de desespero se aproximando, mas ela se recusou a desistir.

"Temos que continuar lutando", ela gritou. "Não podemos deixar a Sombra vencer!"

Mas conforme a batalha se desenrolava, ficou claro que eles estavam em desvantagem. O poder da Sombra era muito grande, e eles estavam sendo levados ao limite.

Com um esforço final e desesperado, Lily enviou outra explosão de luz em direção à Sombra. Desta vez, acertou em cheio, e a Sombra recuou de dor. Mas a vitória durou pouco, pois a Sombra rapidamente recuperou sua força e lançou um contra-ataque.

Lily e seus amigos foram jogados para trás, suas energias drenadas e seus espíritos abatidos. A Sombra pairava sobre eles, seus olhos brilhando com triunfo.

"Você falhou," ele disse, sua voz cheia de malícia. "A floresta cairá, e a escuridão reinará."

Enquanto a Sombra se preparava para dar o golpe final, Lily sentiu uma onda de determinação. Ela sabia que eles não podiam desistir, não agora. Eles tinham que encontrar uma maneira de derrotar a Sombra e salvar a floresta.

Com um esforço final e desesperado, ela estendeu a mão para seus amigos. "Não podemos desistir", ela disse, sua voz cheia de determinação. "Temos que continuar lutando, não importa o que aconteça."

Puck, Nutmeg e Max assentiram, seus olhos cheios de determinação. Eles sabiam que a batalha estava longe de acabar, e estavam prontos para dar tudo o que tinham para proteger a floresta e derrotar a Sombra.

E assim, com seus espíritos unidos e seus corações cheios de esperança, eles se prepararam para enfrentar a Sombra mais uma vez, determinados a superar a escuridão e restaurar a luz na Floresta Mágica.

CHAPTER 6

Capítulo 6: A Antiga Profecia

Reagrupamento: **O grupo recua e se reagrupa na Vila Oculta**

A batalha com a Sombra deixou Lily e seus amigos exaustos e machucados. Com corações pesados e corpos cansados, eles recuaram do covil, voltando pela floresta escura. A jornada foi longa e árdua, mas eles sabiam que tinham que retornar a Eldoria para se reagrupar e planejar seu próximo movimento.

Conforme se aproximavam da vila escondida, as visões e sons familiares trouxeram uma sensação de alívio. Os moradores, que estavam esperando ansiosamente seu retorno, correram para encontrá-los. Eldrin, o ancião da vila, deu um passo à frente, seu rosto marcado pela preocupação.

"Lily, o que aconteceu?" ele perguntou, sua voz cheia de preocupação.

Lily respirou fundo, seus ombros caíram de fadiga. "Tentamos confrontar a Sombra, mas seu poder era grande demais. Fomos dominados."

Os olhos de Eldrin suavizaram-se com a compreensão. "Você lutou bravamente. Venha, deixe-nos cuidar de seus ferimentos e descansar. Encontraremos uma maneira de derrotar a Sombra."

Os aldeões guiaram Lily e seus amigos para uma casa aconchegante onde eles poderiam descansar e se recuperar. Eles trouxeram comida e água, e os curandeiros da aldeia cuidaram de seus ferimentos. Enquanto Lily estava deitada em uma cama macia, ela sentiu uma onda de exaustão tomar conta dela. Ela fechou os olhos, permitindo-se cair em um sono profundo e sem sonhos.

Quando ela acordou, o sol estava se pondo, lançando um brilho quente sobre a vila. Ela sentiu uma renovada sensação de determinação. Eles não podiam desistir agora. Eles tinham que encontrar uma maneira de derrotar a Sombra e salvar a floresta.

Lily reuniu seus amigos, e eles seguiram para a praça da vila, onde Eldrin e os outros moradores estavam esperando. A atmosfera era tensa, mas também havia uma sensação de esperança.

"Precisamos encontrar uma maneira de derrotar a Sombra," Lily disse, sua voz firme. "Não podemos deixar que ela destrua a floresta."

Eldrin assentiu. "Há algo que você precisa saber", ele disse. "Algo que pode nos ajudar em nossa luta."

Revelação: Orion revela uma antiga profecia sobre um escolhido que pode derrotar a sombra

Enquanto os aldeões se reuniam ao redor, Orion, a coruja sábia e Guardião da Floresta, voou de seu poleiro e pousou ao lado de Eldrin. Seus olhos estavam cheios de uma profunda e antiga sabedoria.

"Há uma antiga profecia," Orion começou, sua voz ressoando com autoridade. "Uma profecia que fala de um escolhido que se levantará para derrotar a Sombra e restaurar o equilíbrio da floresta."

O coração de Lily pulou uma batida. "O que a profecia diz?" ela perguntou, sua voz cheia de curiosidade e antecipação.

Orion fechou os olhos, recitando a profecia de memória. "No tempo da escuridão, quando a Sombra se ergue, um escolhido surgirá. Com um coração puro e corajoso, eles empunharão a luz e banirão a escuridão. O escolhido unirá as criaturas da floresta e as levará à vitória."

Os aldeões ouviram com admiração, seus olhos arregalados de espanto. Lily sentiu um arrepio percorrer sua espinha. Poderia ser verdade? Poderia ser ela a escolhida?

Eldrin deu um passo à frente, sua expressão séria. "Há muito tempo acreditamos que o escolhido viria até nós em nosso momento de necessidade. E agora, com a Sombra ameaçando nosso lar, acreditamos que esse momento chegou."

A mente de Lily correu com pensamentos e perguntas. Ela sempre sentiu uma conexão profunda com a floresta, mas ela poderia realmente ser a pessoa destinada a salvá-la?

O olhar de Orion encontrou o dela, seus olhos cheios de um olhar de conhecimento. "Lily, você demonstrou grande coragem e determinação. Você enfrentou a Sombra e sobreviveu. Acreditamos que você é a escolhida mencionada na profecia."

Realização: Lily percebe que ela é a escolhida

O coração de Lily batia forte no peito. O peso das palavras de Orion caiu sobre ela, e ela sentiu uma mistura de emoções — medo, dúvida e um lampejo de esperança. Ela sempre sonhou em partir em uma aventura, mas nunca imaginou que poderia ser a única a salvar a floresta.

"Mas como eu posso ser a escolhida?" ela perguntou, sua voz tremendo. "Eu sou apenas uma garota comum."

Os olhos de Orion suavizaram-se com a compreensão. "Você está longe de ser comum, Lily. Você tem uma força e um espírito que a diferenciam. A profecia fala de um coração puro e corajoso, e você demonstrou ambos em abundância."

Puck pairou ao lado dela, seus olhos cheios de admiração. "Você já fez tanto, Lily. Você enfrentou perigos e desafios que teriam assustado qualquer outra pessoa. Você nos uniu e nos deu esperança."

Nutmeg correu para o lado dela, seu rabo se contorcendo de excitação. "Acreditamos em você, Lily. Você tem o poder de derrotar a Sombra e salvar a floresta."

Max latiu em concordância, seus olhos brilhando com lealdade e confiança.

Lily respirou fundo, sentindo o apoio e o encorajamento de seus amigos e dos moradores da vila. Ela percebeu que não podia deixar que suas dúvidas a segurassem. Ela tinha que abraçar seu destino e encarar o desafio.

"Eu farei isso," ela disse, sua voz firme e resoluta. "Eu serei a escolhida. Eu farei o que for preciso para derrotar a Sombra e proteger a floresta."

Os aldeões explodiram em aplausos, seus rostos cheios de esperança e determinação. Eldrin deu um passo à frente, colocando uma mão no ombro de Lily. "Estamos com você, Lily. Juntos, enfrentaremos a Sombra e restauraremos a luz em nosso lar."

Orion assentiu, seus olhos cheios de orgulho. "Você tem o coração de uma verdadeira heroína, Lily. A jornada à frente será difícil, mas não tenho dúvidas de que você terá sucesso."

Com um renovado senso de propósito, Lily e seus amigos começaram a se preparar para a batalha final. Eles treinaram e criaram estratégias, aproveitando o conhecimento e as habilidades dos aldeões. Eles sabiam que a luta contra a Sombra seria seu maior desafio até então, mas estavam prontos para enfrentá-la juntos.

Conforme os dias passavam, Lily sentia uma crescente sensação de confiança. Ela sabia que não estava sozinha nessa luta. Ela tinha o apoio de seus amigos, dos moradores e de toda a floresta. Com a ajuda deles, ela acreditava que eles poderiam superar a escuridão e restaurar a luz.

E então, com a profecia guiando-a e a força de seu coração liderando o caminho, Lily se preparou para enfrentar a Sombra mais uma vez. Ela estava pronta para abraçar seu destino e cumprir a antiga profecia. O destino da Floresta Mágica estava em suas mãos, e ela estava determinada a protegê-la com todas as suas forças.

A batalha final se aproximava, e Lily sabia que eles tinham que estar prontos. Com seus amigos ao seu lado e o apoio dos aldeões, ela sentiu uma sensação de esperança e determinação. Eles enfrentariam a Sombra juntos, e sairiam vitoriosos.

A jornada tinha sido longa e difícil, mas Lily sabia que estava longe de terminar. O verdadeiro teste de sua coragem e força estava por vir, e ela estava pronta para enfrentá-lo de frente. Com a profecia como guia e a luz de seu coração como arma, ela lideraria o caminho para a vitória e restauraria o equilíbrio na Floresta Mágica.

CHAPTER 7

Capítulo 7: Preparando-se para a batalha

Treinamento: Lily passa por treinamento para aproveitar suas habilidades mágicas latentes

Os dias seguintes à revelação da profecia foram cheios de preparação intensa. Lily sabia que, para derrotar a Sombra, ela precisaria aproveitar suas habilidades mágicas latentes. Sob a orientação de Orion e dos anciãos da vila, ela começou um rigoroso regime de treinamento projetado para desbloquear seu potencial total.

Todas as manhãs, Lily se levantava com o sol e ia até um bosque isolado onde Orion a esperava. O bosque era um lugar de tranquilidade e beleza natural, seu ar cheio do perfume das flores desabrochando e do som do canto dos pássaros. Era o cenário perfeito para seu treinamento.

"Magia não é só sobre poder", Orion explicou quando eles começaram sua primeira sessão. "É sobre entendimento e harmonia. Você deve aprender a se conectar com a magia da floresta e deixá-la fluir através de você."

Lily assentiu, seu coração cheio de determinação. Ela fechou os olhos e respirou fundo, concentrando-se nos sons e sensações ao seu redor. Ela sentiu a brisa suave em sua pele, o calor do sol e a força vital da floresta pulsando sob seus pés.

Orion a guiou por uma série de exercícios projetados para aumentar sua conexão com a magia da floresta. Ela aprendeu a canalizar sua energia, concentrando-a em raios de luz que poderiam cortar a escuridão. Ela praticou a criação de barreiras protetoras, invocando forças elementais e se comunicando com as criaturas da floresta.

O treinamento foi desafiador, mas Lily o abraçou com dedicação inabalável. Ela se esforçou ao máximo, determinada a dominar suas habilidades. A cada dia que passava, ela ficava mais forte e confiante, sua magia se tornando uma extensão de si mesma.

Max, Puck e Nutmeg frequentemente se juntavam a ela durante suas sessões de treinamento, oferecendo seu apoio e encorajamento. Max se sentava ao lado dela, sua presença era um lembrete reconfortante de seu vínculo. Puck voava por aí, oferecendo conselhos e distrações divertidas, enquanto Nutmeg a animava com seu entusiasmo sem limites.

Conforme os dias se transformavam em semanas, o progresso de Lily era notável. Ela podia sentir a magia fluindo através dela com facilidade, sua conexão com a floresta ficando mais forte a cada momento que passava. Ela sabia que estava pronta para enfrentar a Sombra, mas também sabia que não conseguiria fazer isso sozinha.

Aliados: Os aldeões e as criaturas da floresta se preparam para a batalha final

Enquanto Lily se concentrava em seu treinamento, os aldeões e as criaturas da floresta trabalhavam incansavelmente para se preparar para a batalha final. Eldrin e os anciãos da aldeia organizaram os esforços, garantindo que todos tivessem um papel a desempenhar.

Os ferreiros fabricavam armas e armaduras, imbuindo-as de encantamentos protetores. Os curandeiros preparavam poções e remédios, estocando suprimentos para os ferimentos inevitáveis. Os batedores mapeavam a floresta, identificando perigos potenciais e rotas seguras.

As criaturas da floresta também desempenharam um papel crucial nos preparativos. As fadas criaram barreiras mágicas para proteger a vila, enquanto os elfos e gnomos montaram armadilhas e fortificações ao redor do perímetro. Os unicórnios ofereceram suas habilidades de cura, cuidando dos feridos e fornecendo força aos necessitados.

Lily ficou profundamente comovida com a união e determinação dos moradores e criaturas da floresta. Eles estavam todos trabalhando juntos, seus corações e mentes focados em um objetivo comum. Era uma prova da força de sua comunidade e seu amor pela floresta.

Uma noite, enquanto os preparativos estavam a todo vapor, Eldrin convocou uma reunião na praça da vila. Os moradores e criaturas da floresta se reuniram, seus rostos cheios de determinação.

"Estamos à beira de uma grande batalha", disse Eldrin, sua voz forte e firme. "Mas não estamos sozinhos. Temos um ao outro, e temos o escolhido para nos liderar. Juntos, enfrentaremos a Sombra e protegeremos nosso lar."

A multidão explodiu em aplausos, suas vozes ecoando pela floresta. Lily sentiu uma onda de orgulho e responsabilidade. Ela sabia que todos estavam contando com ela, e estava determinada a não decepcioná-los.

Estratégia: Eles elaboram um plano para se infiltrar no covil das sombras

Com os preparativos bem encaminhados, era hora de elaborar uma estratégia para a batalha final. Lily, Orion, Eldrin e os líderes da vila se reuniram na câmara do conselho para discutir seu plano.

"O covil da Sombra é fortemente fortificado," Orion começou, espalhando um mapa da floresta. "Precisaremos ser estratégicos em nossa abordagem. Um ataque direto seria muito arriscado."

Eldrin assentiu em concordância. "Precisamos encontrar uma maneira de nos infiltrar no covil sem alertar a Sombra. Se conseguirmos entrar sem sermos detectados, podemos ter uma chance de pegá-lo de surpresa."

Lily estudou o mapa, sua mente correndo com possibilidades. "E os túneis escondidos?" ela sugeriu. "Aqueles que os batedores descobriram. Poderíamos usá-los para entrar?"

Os olhos de Orion se iluminaram com aprovação. "Essa é uma ideia excelente, Lily. Os túneis podem nos fornecer uma maneira de contornar as defesas principais e chegar ao coração do covil."

Eldrin apontou para uma série de marcações no mapa. "Os túneis são estreitos e sinuosos, mas levam diretamente à câmara da Sombra. Se pudermos navegar por eles com cuidado, podemos evitar a detecção."

O grupo passou horas refinando seu plano, considerando cada detalhe e contingência. Eles decidiram dividir suas forças em dois grupos. O primeiro grupo, liderado por Eldrin e os guerreiros da vila, criaria uma distração na entrada principal para chamar a atenção da Sombra. O segundo grupo, liderado por Lily e seus amigos, usaria os túneis escondidos para se infiltrar no covil e confrontar a Sombra diretamente.

"Precisaremos nos mover rápida e silenciosamente", Orion aconselhou. "O elemento surpresa é nossa maior vantagem. Uma vez lá dentro, precisamos agir decisivamente para derrotar a Sombra e restaurar o equilíbrio da floresta."

Lily assentiu, sua resolução firme. "Nós podemos fazer isso. Temos a força e a união para vencer."

Quando a reunião terminou, os aldeões e criaturas da floresta se reuniram para ouvir o plano. Eldrin se dirigiu a eles, sua voz cheia de confiança e determinação.

"Temos um plano", ele disse. "Será perigoso, mas estamos prontos. Juntos, enfrentaremos a Sombra e protegeremos nosso lar. Lutaremos com todas as nossas forças e não vacilaremos."

A multidão explodiu em aplausos, suas vozes cheias de esperança e determinação. Lily sentiu uma onda de orgulho e responsabilidade. Ela sabia que todos estavam contando com ela, e estava determinada a não decepcioná-los.

Com o plano em andamento, os preparativos finais começaram. Os aldeões e as criaturas da floresta trabalharam incansavelmente, seus corações e mentes focados na batalha que se aproximava. Eles sabiam que o destino da floresta estava em suas mãos, e estavam prontos para dar tudo o que tinham para protegê-la.

Enquanto o sol se punha na véspera da batalha, Lily estava na orla da vila, olhando para a floresta que ela havia aprendido a amar. Ela sentiu um profundo senso de propósito e determinação. Ela sabia que a jornada à frente seria difícil, mas estava pronta para enfrentá-la com coragem e força.

Com seus amigos ao seu lado e o apoio dos aldeões e criaturas da floresta, ela sentiu uma sensação de esperança e união. Eles estavam todos juntos nisso, e juntos, eles enfrentariam a Sombra e restaurariam a luz para a Floresta Mágica.

E assim, com o amanhecer de um novo dia, Lily e seus aliados se prepararam para embarcar em sua jornada final. A batalha se aproximava, e eles estavam prontos para enfrentá-la com todas as suas forças. O destino da floresta estava em suas mãos, e eles estavam determinados a protegê-la com tudo o que tinham.

CHAPTER 8

Capítulo 8: A Batalha Final

Infiltração: O grupo entra furtivamente no covil usando suas habilidades combinadas

A noite estava escura e silenciosa enquanto Lily, Max, Puck e Nutmeg seguiam para a entrada dos túneis escondidos. O ar estava denso de tensão, mas sua determinação era inabalável. Eles sabiam que esta era sua chance de se infiltrar no covil da Sombra e pôr fim ao seu reinado de escuridão.

Eldrin e os guerreiros da vila já tinham se preparado para criar uma distração na entrada principal, desviando a atenção da Sombra de seu verdadeiro objetivo. Lily e seus amigos se moviam rápida e silenciosamente, seus corações batendo forte de antecipação.

Puck liderou o caminho, suas asas brilhando fracamente para iluminar o caminho. Os túneis eram estreitos e sinuosos, suas paredes úmidas e cobertas de musgo. O ar era frio e mofado, e o único som era o eco suave de seus passos.

"Fiquem perto," Puck sussurrou, sua voz quase inaudível. "Precisamos nos mover rápida e silenciosamente."

Nutmeg correu à frente, seus olhos afiados examinando a escuridão em busca de qualquer sinal de perigo. Max ficou ao lado de

Lily, suas orelhas em pé e seu nariz se contraindo. Lily sentiu uma onda de gratidão por seus amigos. Eles estavam todos juntos nisso, e ela sabia que suas habilidades combinadas os ajudariam a passar por isso.

Enquanto navegavam pelos túneis, eles encontraram vários obstáculos. Em um ponto, o caminho foi bloqueado por uma série de raízes encantadas que se contorciam e se contorciam como serpentes. Puck usou sua magia para criar uma barreira de luz, mantendo as raízes afastadas enquanto Nutmeg encontrava uma maneira de contorná-las.

Mais adiante, eles chegaram a um abismo profundo que parecia impossível de cruzar. Lily usou suas novas habilidades mágicas para criar uma ponte de luz, permitindo que eles continuassem sua jornada. Cada desafio que eles enfrentavam apenas fortalecia sua determinação, e eles se moviam com um senso de propósito e determinação.

Depois do que pareceram horas navegando pelos túneis labirínticos, eles finalmente chegaram à entrada do covil da Sombra. O ar estava denso de malevolência, e a escuridão parecia pressionar ao redor deles. Lily respirou fundo, se preparando para a batalha que viria.

"É isso," ela disse, sua voz firme. "Estamos prontos."

Batalha: Uma batalha feroz acontece entre os aldeões e os servos da sombra

Ao entrarem no covil, eles se depararam com uma cena de caos. Eldrin e os guerreiros da vila estavam envolvidos em uma batalha feroz com os lacaios da Sombra. O ar estava cheio do choque de armas e dos gritos dos combatentes. Criaturas das trevas enxameavam ao redor deles, seus olhos brilhando com intenção malévola.

Lily e seus amigos entraram em ação, juntando-se à briga com determinação e coragem. Puck usou sua magia para criar barreiras de luz, protegendo os aldeões do ataque dos lacaios da Sombra. Nutmeg disparou ao redor, usando sua agilidade para manobrar melhor que seus inimigos e atacar com precisão. Max lutou bravamente, seus dentes e garras brilhando na escuridão.

Lily concentrou sua energia, invocando a magia que havia aprendido com Orion. Ela enviou rajadas de luz em direção às criaturas das trevas, cortando suas fileiras e as expulsando. A batalha foi intensa, mas ela sentiu uma sensação de unidade e força enquanto lutava ao lado de seus amigos e dos aldeões.

Apesar dos esforços, os lacaios da Sombra eram implacáveis. Eles pareciam se multiplicar a cada momento, sua energia escura enchendo o covil. Lily sabia que eles tinham que chegar ao coração do covil e confrontar a Sombra diretamente. Era a única maneira de terminar a batalha e restaurar o equilíbrio da floresta.

"Continue avançando!" ela gritou, sua voz cheia de determinação. "Temos que alcançar a Sombra!"

Com determinação renovada, eles lutaram para abrir caminho através das multidões de criaturas das trevas, suas habilidades combinadas e magia os fazendo recuar. Os aldeões e criaturas da floresta lutaram com todas as suas forças, seus corações cheios de esperança e determinação.

À medida que se aproximavam do centro do covil, o ar ficou mais frio, e a escuridão pareceu engrossar. Lily podia sentir a presença da Sombra ficando mais forte, sua energia malévola pressionando-os. Mas ela se recusou a ceder ao medo. Ela sabia que eles tinham chegado longe demais para voltar atrás agora.

Com um último e desesperado empurrão, eles romperam as fileiras dos lacaios da Sombra e alcançaram o coração do covil. A câmara era vasta e preenchida com uma escuridão opressiva. No centro estava a Sombra, sua forma imponente irradiando malevolência.

Showdown: Lily enfrenta a sombra em um duelo climático

Os olhos da Sombra brilharam com uma luz sinistra enquanto ela se virava para encará-los. "Vocês são corajosos por terem chegado até aqui," ela disse, sua voz ecoando pela câmara. "Mas seus esforços são em vão. Vocês não podem me derrotar."

Lily deu um passo à frente, seu coração batendo forte com uma mistura de medo e determinação. "Não deixaremos você destruir a floresta," ela disse, sua voz firme. "Lutaremos com tudo que temos para protegê-la."

A Sombra riu, um som profundo e ecoante que enviou arrepios pela espinha de Lily. "Você é apenas uma criança," ela zombou. "Que esperança você tem contra meu poder?"

Lily sentiu uma onda de raiva e determinação. Ela sabia que não podia deixar as palavras da Sombra abalarem-na. Ela tinha que acreditar em si mesma e na força de seus amigos. Com uma respiração profunda, ela convocou sua magia, sentindo a energia fluir através dela como um rio de luz.

"Temos o poder da floresta do nosso lado", ela disse, sua voz cheia de convicção. "E não seremos derrotados."

Com um aceno de mão, ela enviou uma explosão de luz em direção à Sombra. A figura escura recuou, sua forma tremeluzindo quando a luz a atingiu. Mas ela rapidamente recuperou a compostura, seus olhos se estreitando de raiva.

"Você é mais forte do que eu esperava," a Sombra admitiu. "Mas não será o suficiente."

A câmara irrompeu em caos enquanto a batalha recomeçava. Os aldeões e criaturas da floresta lutaram bravamente contra os lacaios da Sombra, sua determinação inabalável. Puck, Nutmeg e Max estavam ao lado de Lily, seus olhos cheios de determinação.

Lily concentrou toda sua energia na Sombra, sua magia colidindo com seu poder sombrio. O ar crepitava com energia enquanto eles trocavam golpes, cada golpe enviando ondas de choque pela câmara. O poder da Sombra era imenso, mas Lily se recusou a recuar.

"Você não pode vencer," a Sombra sibilou, sua voz cheia de malícia. "A escuridão irá consumir você."

Lily cerrou os dentes, sua determinação inabalável. "Eu não vou deixar você destruir a floresta," ela disse, sua voz cheia de determinação. "Eu vou lutar com tudo que eu tenho para protegê-la."

Com um esforço final e desesperado, ela convocou toda a sua magia, canalizando-a em um raio de luz que cortou a escuridão. A Sombra gritou de dor quando a luz a atingiu, sua forma tremeluzindo e enfraquecendo.

Mas a vitória durou pouco. A Sombra rapidamente recuperou sua força, seus olhos brilhando com uma fúria renovada. Ela lançou um contra-ataque, enviando uma onda de energia escura em direção a Lily. Ela se preparou, mas a força do ataque foi avassaladora.

Ela foi jogada para trás, sua energia drenada e seu corpo espancado. A Sombra pairava sobre ela, seus olhos cheios de triunfo. "Você falhou", disse, sua voz cheia de malícia. "A floresta cairá, e a escuridão reinará."

Lily sentiu uma onda de desespero, mas se recusou a desistir. Ela sabia que não podia deixar a Sombra vencer. Com um esforço final e desesperado, ela estendeu a mão para seus amigos, buscando sua força e apoio.

"Não podemos desistir", ela disse, sua voz cheia de determinação. "Temos que continuar lutando, não importa o que aconteça."

Puck, Nutmeg e Max assentiram, seus olhos cheios de determinação. Eles sabiam que a batalha estava longe de acabar, e estavam prontos para dar tudo o que tinham para proteger a floresta.

Com sua força combinada, eles lançaram um ataque final à Sombra. O ar crepitava com energia enquanto sua magia colidia com a escuridão. A câmara estava cheia de luz e som enquanto eles lutavam com todas as suas forças.

No final, foi a união e determinação deles que fizeram a diferença. Com uma explosão final e poderosa de luz, eles atingiram a Sombra, destruindo sua forma e banindo-a do covil. A escuridão se dissipou, e a câmara foi preenchida com uma luz quente e dourada.

Lily e seus amigos ficaram vitoriosos, seus corações cheios de alívio e triunfo. Eles enfrentaram a Sombra e emergiram vitoriosos, sua força e determinação combinadas superando a escuridão.

Enquanto olhavam ao redor da câmara, eles viram os aldeões e as criaturas da floresta comemorando, seus rostos cheios de alegria e gratidão. Eles tinham feito isso. Eles tinham salvado a floresta.

Lily sentiu um profundo sentimento de orgulho e realização. Ela sabia que eles tinham enfrentado adversidades incríveis, mas nunca tinham desistido. Eles lutaram com tudo o que tinham e saíram vitoriosos.

Com a Sombra derrotada e a floresta salva, eles sabiam que sua jornada estava longe de terminar. Haveria mais desafios e aventuras pela frente, mas eles estavam prontos para enfrentá-los juntos.

E assim, com seus corações cheios de esperança e determinação, Lily e seus amigos se prepararam para retornar a Eldoria , seus espíritos elevados pela vitória. Eles enfrentaram a escuridão e emergiram vitoriosos, e sabiam que poderiam enfrentar quaisquer desafios que surgissem com coragem e força.

CHAPTER 9

Capítulo 9: Vitória e Perda

Derrota da Sombra: Lily consegue derrotar a Sombra usando seus novos poderes

A câmara ficou tomada por um silêncio tenso enquanto Lily e seus amigos estavam diante da Sombra derrotada. A figura escura se contorcia e tremeluzia, sua forma instável e enfraquecida pelo ataque combinado. Lily sabia que essa era a chance deles de acabar com o reinado de terror da Sombra de uma vez por todas.

Contando com a força e o apoio de seus amigos, Lily convocou toda a extensão de suas habilidades mágicas. Ela sentiu a energia da floresta fluindo através dela, uma poderosa força de luz e vida que surgiu dentro dela. Com uma respiração profunda, ela focou sua magia em um único e concentrado feixe de luz.

A Sombra soltou um rugido de desafio, seus olhos brilhando com uma luz malévola. Mas Lily se manteve firme, sua determinação inabalável. Ela sabia que tinha que ser forte, não apenas por si mesma, mas pela floresta e todos os seus habitantes.

Com um esforço final e poderoso, Lily liberou o feixe de luz, direcionando-o para o coração da Sombra. A figura escura gritou em agonia quando a luz a atravessou, sua forma se desintegrando em uma nuvem de energia escura. A câmara foi preenchida com uma luz ofuscante quando a Sombra foi banida, sua presença malévola finalmente erradicada.

Quando a luz desapareceu, Lily caiu de joelhos, sua energia esgotada. Ela sentiu uma onda de alívio e triunfo inundá-la. Eles tinham conseguido. Eles tinham derrotado a Sombra e salvado a floresta.

Os amigos dela correram para o lado dela, seus rostos cheios de alegria e orgulho. Puck pairou acima dela, suas asas brilhando com uma luz suave e dourada. "Você conseguiu, Lily", ele disse, sua voz cheia de admiração. "Você derrotou a Sombra."

Nutmeg correu para o lado dela, seus olhos brilhando de excitação. "Sabíamos que você conseguiria, Lily! Você foi incrível!"

Max latiu em concordância, abanando o rabo de alegria.

Lily sorriu, seu coração cheio de gratidão e amor por seus amigos. "Nós fizemos isso juntos," ela disse, sua voz cheia de emoção. "Eu não poderia ter feito isso sem todos vocês."

Sacrifício: Alguns aliados são perdidos na batalha, levando a uma vitória agridoce

À medida que a poeira baixava e a câmara ficava quieta, a realidade da batalha começou a se fazer sentir. Os aldeões e criaturas da floresta que lutaram tão bravamente agora estavam cuidando dos feridos e lamentando os caídos. A vitória foi agridoce, pois o custo de seu triunfo se tornou dolorosamente claro.

Lily olhou ao redor da câmara, seu coração pesado de tristeza. Ela viu Eldrin, o ancião da vila, ajoelhado ao lado de um guerreiro caído, seu rosto marcado pela tristeza. O guerreiro lutou bravamente, dando sua vida para proteger a vila e a floresta.

As asas de Puck caíram de tristeza enquanto ele pairava ao lado de Lily. "Perdemos alguns bons amigos hoje," ele disse suavemente. "O sacrifício deles não será esquecido."

Os olhos de Nutmeg estavam cheios de lágrimas enquanto ele olhava para os caídos. "Eles deram tudo para proteger nossa casa", ele disse, com a voz trêmula. "Devemos muito a eles."

Max acariciou a mão de Lily, seus olhos cheios de compreensão e conforto. Lily sentiu um nó na garganta ao olhar para os rostos daqueles que deram suas vidas pela causa. Ela sabia que o sacrifício deles havia tornado sua vitória possível, mas isso não diminuiu a dor de sua perda.

Eldrin se aproximou de Lily, seus olhos cheios de uma mistura de orgulho e tristeza. "Você fez uma grande coisa, Lily," ele disse, sua voz firme. "Mas devemos honrar aqueles que caíram. Sua bravura e sacrifício serão lembrados pelas gerações vindouras."

Lily assentiu, seu coração pesado de emoção. "Nós os honraremos," ela disse, sua voz cheia de determinação. "Seu sacrifício não será em vão."

Os aldeões e criaturas da floresta se reuniram para prestar suas homenagens aos caídos. Eles realizaram uma cerimônia solene, acendendo velas e compartilhando histórias de bravura e heroísmo. O ar estava cheio de um senso de reverência e gratidão, enquanto eles honravam a memória daqueles que deram suas vidas para proteger a floresta.

Quando a cerimônia chegou ao fim, Lily sentiu um renovado senso de propósito. Ela sabia que eles tinham que continuar seu trabalho para restaurar a floresta e garantir que o sacrifício de seus amigos não fosse em vão.

Restauração: A floresta começa a se curar e retornar à sua antiga glória

Com a Sombra derrotada e a batalha vencida, o foco mudou para a restauração da floresta. Os aldeões e criaturas da floresta trabalharam incansavelmente para curar as feridas infligidas pela influência sombria da Sombra. Foi um momento de renovação e reconstrução, pois eles se uniram para restaurar a beleza e a harmonia de seu lar.

Lily desempenhou um papel central nos esforços de restauração, usando suas novas habilidades mágicas para curar a terra e nutrir um novo crescimento. Ela trabalhou ao lado dos aldeões e criaturas da floresta, seu coração cheio de um senso de esperança e determinação.

As árvores encantadas que tinham sido torcidas e enegrecidas pela influência da Sombra começaram a se curar, suas folhas retornando ao seu verde vibrante. As flores que tinham murchado e morrido renasceram, suas pétalas florescendo em uma profusão de cores. O ar estava cheio do doce aroma das flores e do som do canto dos pássaros, enquanto a floresta voltava à vida.

Puck e as fadas usaram sua magia para criar barreiras protetoras ao redor da vila, garantindo que a escuridão nunca mais voltasse. Nutmeg e as outras criaturas da floresta trabalharam para limpar os destroços e reconstruir suas casas. Max ficou ao lado de Lily, sua presença uma fonte constante de conforto e apoio.

Eldrin e os anciãos da aldeia guiaram os esforços de restauração, sua sabedoria e experiência foram inestimáveis no processo de reconstrução. Eles organizaram equipes para plantar novas árvores, consertar estruturas danificadas e cuidar das necessidades dos aldeões e criaturas da floresta.

Conforme os dias se transformavam em semanas, a floresta começou a florescer mais uma vez. As feridas do passado estavam se curando, e uma sensação de paz e harmonia retornou à terra. Os aldeões e as criaturas da floresta trabalharam juntos, seus corações cheios de uma sensação de unidade e propósito.

Lily sentiu uma profunda sensação de realização ao ver a floresta voltar à vida. Ela sabia que a jornada deles tinha sido difícil, mas tinha valido a pena. Eles enfrentaram desafios incríveis e fizeram grandes sacrifícios, mas emergiram mais fortes e mais unidos do que nunca.

Uma noite, enquanto o sol se punha sobre a floresta, lançando um brilho dourado sobre a terra, Lily estava na orla da vila, olhando para a beleza que a cercava. Ela sentiu uma sensação de paz e contentamento, sabendo que eles tinham realizado algo realmente notável.

Orion voou para se juntar a ela, seus olhos cheios de orgulho. "Você fez uma grande coisa, Lily," ele disse, sua voz cheia de calor. "Você restaurou o equilíbrio e trouxe esperança para a floresta."

Lily sorriu, seu coração cheio de gratidão. "Fizemos isso juntos", ela disse. "Eu não poderia ter feito isso sem o apoio dos meus amigos e dos moradores."

Orion assentiu. "A força do seu coração e a união dos seus amigos fizeram toda a diferença. A floresta está prosperando mais uma vez, graças à sua coragem e determinação."

À medida que as estrelas começaram a brilhar no céu, Lily sentiu uma sensação de esperança e possibilidade. Ela sabia que a jornada deles estava longe de terminar, mas estava pronta para enfrentar quaisquer desafios que surgissem. Com seus amigos ao seu lado e o apoio dos moradores e criaturas da floresta, ela sabia que eles poderiam superar qualquer coisa.

E assim, com a cura da floresta e a promessa de um futuro brilhante pela frente, Lily e seus amigos ansiavam por novas aventuras e pela proteção contínua de seu lar mágico. Eles enfrentaram a escuridão e emergiram vitoriosos, e sabiam que poderiam enfrentar quaisquer desafios que surgissem com coragem e força.

A Floresta Mágica era mais uma vez um lugar de encantamento e maravilha, e Lily sabia que eles continuariam a protegê-la e apreciá-la pelas gerações vindouras. A jornada tinha sido longa e difícil, mas tinha valido a pena. Eles tinham restaurado a luz e trazido esperança para seu lar, e estavam prontos para enfrentar o que quer que o futuro reservasse com corações abertos e determinação inabalável.

CHAPTER 10

Capítulo 10: O Retorno para Casa

Despedidas: **Lily se despede de seus novos amigos e das criaturas mágicas**

O sol nasceu sobre a Floresta Mágica, lançando uma luz quente e dourada sobre a terra. A floresta estava viva com os sons do canto dos pássaros e o farfalhar das folhas, um testemunho da restauração e cura que haviam ocorrido. Lily estava na orla de Eldoria, seu coração pesado com o conhecimento de que era hora de dizer adeus.

Os aldeões e criaturas da floresta se reuniram para se despedir dela. Eldrin, o ancião da aldeia, estava ao lado dela, seus olhos cheios de orgulho e gratidão. "Você fez tanto por nós, Lily," ele disse, sua voz firme. "Nós nunca esqueceremos sua bravura e gentileza."

Lily sorriu, seus olhos brilhando com lágrimas. "Eu também nunca vou te esquecer", ela disse. "Esta floresta e seu povo sempre terão um lugar especial no meu coração."

Puck pairou ao lado dela, suas asas brilhando com uma luz suave e dourada. "Sentiremos sua falta, Lily," ele disse, sua voz cheia de emoção. "Você tem sido uma amiga e líder incrível."

Nutmeg correu para o lado dela, seus olhos brilhando de gratidão. "Obrigado por tudo, Lily," ele disse. "Você fez uma diferença real aqui."

Max acariciou a mão dela, seus olhos cheios de lealdade e amor. Lily se ajoelhou para abraçá-lo, seu coração inchando de afeição por sua fiel companheira. "Sentirei sua falta, Max," ela sussurrou. "Você tem sido minha rocha durante tudo isso."

Orion, a coruja sábia e Guardião da Floresta, voou para se juntar a eles. Seus olhos estavam cheios de uma sabedoria profunda e antiga. "Você cumpriu a profecia, Lily", ele disse. "Você restaurou o equilíbrio da floresta e trouxe esperança ao seu povo. Estamos eternamente em dívida com você."

Lily sentiu uma onda de emoção ao olhar para os rostos de seus amigos e dos moradores da vila. Eles passaram por tanta coisa juntos, e seu vínculo era inquebrável. "Eu carregarei suas memórias comigo para sempre", ela disse, sua voz cheia de sinceridade. "Obrigada por acreditar em mim e por ficar ao meu lado."

Com uma despedida final e sincera, Lily se virou para deixar a vila. O caminho à frente estava cheio de incertezas, mas ela sabia que estava pronta para enfrentar quaisquer desafios que surgissem. Ela havia se tornado mais forte e sábia ao longo de sua jornada, e estava determinada a usar suas experiências para causar um impacto positivo em sua própria vila.

Retorno: Ela retorna para sua aldeia, mudada para sempre por sua aventura

A jornada de volta para sua aldeia foi repleta de uma mistura de emoções. Lily sentiu uma sensação de tristeza por deixar seus amigos para trás, mas também sentiu uma profunda sensação de realização e propósito. Ela sabia que sua aventura na Floresta Mágica a havia mudado de maneiras profundas, e ela estava ansiosa para compartilhar suas experiências com sua família e amigos.

Ao se aproximar dos arredores familiares de sua aldeia, ela sentiu uma onda de nostalgia. As colinas ondulantes e as florestas densas que cercavam Eldergrove eram uma visão reconfortante, e ela sentiu uma sensação de paz ao voltar para casa.

Seus pais estavam esperando por ela na orla da vila, seus rostos cheios de alívio e alegria. Sua mãe correu para abraçá-la, com lágrimas escorrendo pelo rosto. "Lily, você está em casa!", ela gritou. "Sentimos tanto sua falta."

Lily abraçou sua mãe com força, seu coração cheio de amor. "Eu também senti sua falta, mãe," ela disse. "Estou tão feliz de estar em casa."

O pai dela deu um passo à frente, os olhos cheios de orgulho. "Você cresceu tanto, Lily", ele disse. "Ouvimos sobre suas aventuras na floresta. Estamos muito orgulhosos de você."

Lily sorriu, seu coração se enchendo de emoção. "Foi uma jornada incrível", ela disse. "Aprendi tanto e fiz tantos amigos maravilhosos. Mas estou feliz por estar de volta em casa com você."

Enquanto caminhavam de volta para sua cabana, Lily compartilhou histórias de suas aventuras na Floresta Mágica. Ela contou a eles sobre a vila escondida de Eldoria, a sábia coruja Orion e seus bravos amigos Puck, Nutmeg e Max. Seus pais ouviram com atenção arrebatada, seus rostos cheios de admiração e espanto.

Os moradores se reuniram para recebê-la em casa, seus rostos cheios de curiosidade e excitação. Lily sentiu uma profunda gratidão pelo apoio e encorajamento deles. Ela sabia que suas experiências na floresta lhe deram uma nova perspectiva de vida, e ela estava ansiosa para compartilhar sua sabedoria recém-descoberta com sua comunidade.

Novo começo: as experiências de Lily a inspiram a trazer mudanças positivas para sua aldeia

Nos dias que se seguiram ao seu retorno, Lily sentiu um renovado senso de propósito. Ela sabia que sua aventura na Floresta Mágica lhe dera força e confiança para fazer a diferença em sua própria aldeia. Ela estava determinada a usar suas experiências para trazer mudanças positivas para Eldergrove .

Uma de suas primeiras iniciativas foi criar um jardim comunitário, inspirado pelos belos jardins que ela tinha visto em Eldoria . Ela contou com a ajuda de seus amigos e vizinhos, e juntos eles transformaram um terreno baldio em um jardim vibrante e florescente. O jardim se tornou um lugar de beleza e tranquilidade, onde os moradores podiam se reunir para cultivar produtos frescos e aproveitar o mundo natural.

Lily também organizou uma série de workshops e aulas para compartilhar o conhecimento que ela havia adquirido na floresta. Ela ensinou aos moradores sobre a importância da harmonia e do equilíbrio, e como viver em harmonia com a natureza. Ela compartilhou seu conhecimento sobre ervas e remédios, ajudando a melhorar a saúde e o bem-estar de sua comunidade.

Seus esforços foram recebidos com entusiasmo e apoio dos moradores. Eles foram inspirados por sua coragem e determinação, e abraçaram as mudanças que ela trouxe para sua aldeia. Eldergrove começou a florescer, seu povo unido por um senso compartilhado de propósito e comunidade.

Os pais de Lily estavam incrivelmente orgulhosos de suas realizações. Seu pai, o ferreiro, criou um lindo pingente para ela, gravado com o símbolo da Floresta Mágica. "Este é um lembrete de sua jornada e das coisas incríveis que você conquistou", ele disse, sua voz cheia de orgulho.

Sua mãe, a curandeira, trabalhou ao lado dela no jardim comunitário, compartilhando seu conhecimento sobre ervas e remédios.

"Você trouxe tanta alegria e esperança para nossa vila, Lily", ela disse. "Somos muito gratos por tudo o que você fez."

Conforme as estações mudavam e a vila continuava a prosperar, Lily sentiu uma profunda sensação de realização. Ela sabia que sua jornada na Floresta Mágica tinha sido o começo de um novo capítulo em sua vida. Ela tinha descoberto seu verdadeiro potencial e encontrado uma maneira de causar um impacto positivo no mundo ao seu redor.

Uma noite, enquanto o sol se punha sobre a vila, lançando uma luz quente e dourada sobre a terra, Lily estava na beira do jardim, olhando para a beleza que a cercava. Ela sentiu uma sensação de paz e contentamento, sabendo que havia encontrado seu lugar no mundo.

As palavras de Orion ecoaram em sua mente: "A força do seu coração e a união dos seus amigos fizeram toda a diferença." Ela sabia que levaria essas palavras consigo para sempre, um lembrete da incrível jornada que havia empreendido e das lições que havia aprendido.

Com o coração cheio de esperança e determinação, Lily olhou para o futuro. Ela sabia que haveria mais desafios e aventuras pela frente, mas estava pronta para enfrentá-los com coragem e força. Ela havia descoberto a magia dentro de si mesma e estava determinada a usá-la para tornar o mundo um lugar melhor.

E assim, com a promessa de novos começos e o apoio de sua família e amigos, Lily abraçou seu novo papel como líder e curandeira em sua aldeia. Ela sabia que sua jornada estava longe de terminar, mas estava pronta para enfrentar quaisquer desafios que surgissem com o coração aberto e uma determinação inabalável.

A Floresta Mágica lhe ensinou o poder da união, coragem e amor, e ela estava determinada a levar essas lições consigo para sempre. Com seus amigos ao seu lado e o apoio de sua comunidade, ela sabia que poderia superar qualquer obstáculo e criar um futuro mais brilhante e esperançoso para todos.

Epílogo: O Legado da Floresta Mágica

Reflexão: **Lily reflete sobre sua jornada e as lições aprendidas**

O sol estava se pondo sobre Eldergrove, lançando uma luz quente e dourada sobre a vila. Lily estava sentada em uma colina com vista para o jardim comunitário, seu coração cheio de uma sensação de paz e contentamento. Já haviam se passado vários meses desde seu retorno da Floresta Mágica, e a vida na vila florescera sob sua orientação.

Enquanto observava os moradores cuidando do jardim e as crianças brincando nos campos, Lily refletiu sobre sua incrível jornada. Ela pensou sobre os desafios que enfrentou, os amigos que fez e as lições que aprendeu ao longo do caminho.

Sua aventura começou com um convite misterioso para a Floresta Mágica, um lugar de encantamento e maravilhas. Ela entrou na floresta com um senso de curiosidade e excitação, ansiosa para explorar seus mistérios. Ao longo do caminho, ela encontrou animais falantes, plantas encantadas e criaturas mágicas que se tornaram seus amigos e aliados.

Lily sorriu ao se lembrar de Puck, a fada travessa que a guiou pela floresta com seu espírito brincalhão e energia sem limites. Ela pensou em Nutmeg, o esquilo corajoso que enfrentou todos os desafios com determinação e coragem. E sentiu uma profunda gratidão por Max, seu companheiro leal que ficou ao seu lado em todas as provações e tribulações.

Sua jornada não foi isenta de dificuldades. Ela enfrentou a Sombra malévola, uma força obscura que ameaçava consumir a floresta e mergulhá-la na escuridão. A batalha contra a Sombra foi feroz e desafiadora, mas Lily descobriu uma força dentro de si que ela nunca soube que existia. Com o apoio de seus amigos e dos aldeões, ela aproveitou suas habilidades mágicas latentes e derrotou a Sombra, restaurando o equilíbrio da floresta.

O coração de Lily se encheu de orgulho ao pensar nos sacrifícios que foram feitos ao longo do caminho. Ela se lembrou dos bravos aldeões e criaturas da floresta que deram suas vidas para proteger seu lar. Sua coragem e altruísmo a inspiraram a continuar lutando, mesmo quando as probabilidades pareciam intransponíveis.

As lições que ela aprendeu na Floresta Mágica a moldaram na pessoa que ela é hoje. Ela descobriu o poder da união e a importância de trabalhar juntos em direção a um objetivo comum. Ela aprendeu que a verdadeira força vem de dentro, e que até mesmo os menores atos de gentileza e bravura podem fazer a diferença.

Enquanto estava sentada na colina, Lily sentiu uma profunda gratidão pela jornada que havia empreendido. Foi uma experiência transformadora, que abriu seus olhos para a beleza e a magia do mundo ao seu redor. Ela sabia que as lições que havia aprendido ficariam com ela pelo resto da vida, guiando-a em tudo o que fizesse.

Esperança: A história termina com uma sensação de esperança e admiração, sugerindo aventuras futuras

O sol mergulhou abaixo do horizonte, lançando um brilho suave e crepuscular sobre a vila. Lily se levantou e desceu a colina, seu coração cheio de uma sensação de esperança e admiração. Ela sabia que sua jornada estava longe de terminar e que ainda havia muitas aventuras e desafios pela frente.

Enquanto caminhava pela vila, ela foi recebida pelos rostos sorridentes de seus amigos e vizinhos. O jardim comunitário estava prosperando, suas cores vibrantes eram um testemunho do trabalho duro e dedicação dos moradores. O ar estava cheio do doce aroma de flores desabrochando e do som de risos e alegria.

Lily sentiu um renovado senso de propósito ao olhar ao redor para a vila que ela tinha passado a amar. Ela sabia que suas experiências na Floresta Mágica lhe deram força e confiança para causar um impacto positivo em sua comunidade. Ela estava determinada a continuar trabalhando em direção a um futuro mais brilhante, cheio de esperança e possibilidade.

Ao chegar à sua casa de campo, ela foi recebida pelos pais, que estavam esperando por ela. Sua mãe a abraçou com força, seus olhos cheios de orgulho e amor. "Você fez tanto pela nossa vila, Lily", ela disse. "Estamos muito orgulhosos de você."

O pai dela assentiu em concordância. "Você trouxe esperança e alegria para nossa comunidade", ele disse. "Não poderíamos estar mais orgulhosos."

Lily sorriu, seu coração cheio de gratidão. "Eu não conseguiria sem o apoio de todos vocês", ela disse. "Estamos juntos nisso, e juntos, podemos alcançar qualquer coisa."

Naquela noite, enquanto Lily estava deitada em sua cama, ela sentiu uma sensação de excitação e antecipação pelo futuro. Ela sabia que ainda havia muitos mistérios para descobrir e aventuras para embarcar. A Floresta Mágica lhe ensinou que o mundo era cheio de maravilhas e magia, e ela estava ansiosa para explorá-lo mais.

Enquanto ela adormecia, seus sonhos estavam cheios de visões de novas aventuras e desafios. Ela se viu viajando para terras distantes, descobrindo tesouros escondidos e fazendo novos amigos ao longo do caminho. Ela sabia que sua jornada estava longe de terminar e que ainda havia muitas histórias a serem escritas.

Na manhã seguinte, Lily acordou com um senso de propósito e determinação. Ela sabia que o legado da Floresta Mágica continuaria a inspirá-la em tudo o que fizesse. Ela estava pronta para enfrentar quaisquer desafios que surgissem, com um coração aberto e um espírito inabalável.

Quando ela saiu, o sol estava nascendo sobre a vila, lançando uma luz quente e dourada sobre a terra. O ar estava cheio da promessa de um novo dia, e Lily sentiu uma sensação de esperança e admiração. Ela sabia que o futuro era brilhante e que havia infinitas possibilidades esperando para serem exploradas.

Com um sorriso no rosto e um coração cheio de esperança, Lily partiu para abraçar as aventuras que a esperavam. Ela sabia que a jornada seria cheia de desafios e surpresas, mas estava pronta para enfrentá-los com coragem e força.

O legado da Magical Forest viveria em seu coração, guiando-a em tudo o que ela fizesse. Ela estava determinada a causar um impacto positivo no mundo ao seu redor e a continuar espalhando a mensagem de união, coragem e amor.

E assim, com a promessa de novos começos e o apoio de sua família e amigos, Lily abraçou o futuro de braços abertos. Ela sabia que a jornada estava longe de terminar, mas estava pronta para enfrentá-la com o coração aberto e um espírito inabalável.

A Floresta Mágica lhe ensinou o poder da esperança e a importância de acreditar em si mesmo. Ela lhe mostrou que até mesmo os menores atos de gentileza e bravura podem fazer a diferença. E a inspirou a continuar buscando a magia e a maravilha no mundo ao seu redor.

Com o coração cheio de esperança e o espírito cheio de determinação, Lily olhou para o futuro com entusiasmo e antecipação. Ela sabia que ainda havia muitas aventuras a serem vividas e muitas histórias a serem escritas. E ela estava pronta para abraçar todas elas, com o legado da Floresta Mágica guiando-a a cada passo do caminho.

www.ingramcontent.com/pod-product-compliance
Lightning Source LLC
LaVergne TN
LVHW092059060526
838201LV00047B/1467